गहरे अल्फ़ाज़

कुछ शब्दों के ख्वाब

Kaydee S

India | USA | UK

Made with ❤ on the BookLeaf Publishing Platform
www.bookleafpub.in
www.bookleafpub.com

Dedication

ये पुस्तक उन सभी को समर्पित हैं जिन्होंने मुझे बनाया है

Preface

मन में विचार तो बहुत आते थे, शायद तब से, जब से शब्दों
के अर्थ समझ में आने लगे थे, मगर दिल की तहों में कहीं
बंद थे फिर कुछ ऐसा हुआ की मन के दरवाजे और दिमाग
की खिड़कियां खुल गईं और विचारों की श्रृंखला दिल की
तहों से निकल कर बाहर आने लगीं और उसी का परिणाम
है ये कुछ मन के उद्गार जो समर्पित है उन गुरुओं को
जिन्होंने मन के दरवाजे पर दस्तक देकर मुझे जाग्रत किया |

"देखने को बाकी क्या बचा है इस कायनात में |
सब कुछ देख लिया तुझे देखने के बाद"

Acknowledgements

उन सभी का धन्यवाद जिनकी वजह से मैं हूँ और जैसा मैं हूँ

1. निगेहबां

शुक्रगुजार हूं मैं, इनायत है तू
साँसें हैं तू, ज़िंदगी है तू

भरी बरसात में जो दिखाई दे
वो रोशनी की किरण है तू

तेरे होने से मैं हूं मेरे होने की वजह है तू
मैं तुझमें हूं और मुझमें है तू

रख दे दिल पे मेरे हाथ तू एक बार
हो मुझे यकीं के निगेहबां है तू

2. आलमे तसव्वुर

ना हो बेकरार जो दिखाई ना दूँ तुझे
दूर हूं तुमसे पर दिल से दूर नहीं हूं मैं

बेवजह मुझे बेवफ़ा ना ठहरा
बोलता हूं कम पर मगरूर नहीं हूं मैं

यूं मुझ पर बेवफाई का इल्ज़ाम ना लगा
के हर वक़्त आलमे तसव्वुर हूं मैं

मिलता जुलता नहीं मैं आजकल ख़ुद से

भी

इस हद तक बेकस और बेखबर हूं मैं

3. साथी

कब तक मेरे संग चलोगे तुम को ही तय
करना है
मेरे ग़मो के समंदर में डूबना है या तरना
है ।।

मेरी मंजिल पास नहीं है दूर बहुत ही
जाना है
संग चलने का फल मीठा है ये तो सबने
जाना है ।।

पहुँच मंजिल पर देखूंगा क्या खोया क्या

पाया है
संग हुए तो, गीत मधुर है वर्ना ग़म का
तराना है ।।

4. परछाई

मैं तो उसके साथ चला था
वो समझा परछाई हूँ ।

मैं तो उसका हमसाया था
वो समझा एक साया हूँ ।

मैं तो अपना दिल लाया था,
उसने खिलौना पाया था ।

खेला खूब वो मन भर के मुझसे ,
फिर ....

हुआ खिलौना पुराना पल भर ही में

बंद किया बक्से में मुझको
और पुराने खिलोनों के संग ....

लाया फिर वो नया खिलौना
और,,,,,

मैं अब बंद बक्से में रहता हूँ
उसकी यादों में बसता हूँ ....

5. हमसफ़र

तेरी राह में सफ़र है मेरा
मेरी राह में सफ़र है तेरा

और कुछ यूँ मैं तेरा
तू हमसफ़र है मेरा

क्या हुआ जो मैं कहीं और
तू कहीं और चल रहा

मैं भी चलूँ
तू भी चल

कहीं किसी मोड़ पे
मिलेंगे ज़रूर
यकीं है मेरा ॥

6. रूठी ना रहो

रूठी हो तो भी चुप ना रहो
मन में जो है मुझ से कहो

अच्छा या बुरा सब बोल दो
मन की गिरह को खोल दो

तुम ना बोलोगी तो भी
मैं सुन लूंगा तेरे मन की बात

दूर रहा मैं तुझ से हुई ना मन की बात
कहना मैं भी चाहूँ ढेरों मेरे मन की

तू तो जाने सजनी सब बातें
तेरे मेरे मन की

छोडो ये गुस्सा मान भी जाओ
दे दो मुझको माफ़ी और प्यार से मुस्कुराओ

7. वादा रहा

तेरी आँखों में नमी का जिम्मेदार हूँ मैं
तेरे आंसुओं का कर्ज़दार हूँ मैं

आने ना दूंगा तेरी आँख में अब आंसू
मान मेरी बात के अर्जदार हूँ मैं

तू भी मेरी बात पर यकीन रख
मेरी जुबां का जिम्मेदार हूँ मैं

आऊंगा दौड़ा दौड़ा तेरी सदा पे मैं

हौंसला रख तेरा इंतज़ार हूँ मैं

मिलाया है हमें रब ने किसी ख़ास
मकसद से
यूँ हीं नहीं मेरा तू और तेरा तलबगार हूँ मैं

8. तेरा इश्क़ मेरा सुकून

तेरा इश्क़ है या जुनून है ये
जो भी है मेरा सुकून है ये

पिघल जा आकर मेरी बाहों में
टूट कर प्यार कर

ना रोक खुदको
मेरी रगों में बहता खून है ये

तू ना हो तो मैं भी कहां

दिल मेरा मजनून है ये

बोल दे धीरे से मेरे कानों में वो जो
मेरे जीने का मजमून है ये

दिल मेरा मजनून है ये

9. मेरे बिना

जाओ शौक़ से जी लो जिंदगी मेरे बिना
पर कितनी दूर चल पाओगे मेरे बिना ?

करो याद के कहा था तुमने एक दिन
ये रहगुज़र नामुमकिन होगी मेरे बिना

अब के जबकि निकल ही पड़े हो मेरे बिना
क्या पहुँच भी पाओगे मंजिल तक मेरे बिना ?

सफ़र में याद जब आए तुम्हे मेरी
एक आह भरना और बढना आगे मेरे बिना

गर पहुँच भी जाओ मंजिल तक मेरे बिना
मुड़ के देखोगे आँखों में आंसू लिए

आएगा सवाल ज़ेहन में तुम्हारे
क्या लाज़मी था ये सफ़र मेरे बिना?

10. मजबूर

जानता हूं तेरी मजबूरी ऐ मेरे दोस्त
तू चाहकर भी मुझे चाह नहीं सकता

पर मैं भी मजबूर हूं इस दिल से मेरे दोस्त
तेरे सिवा कोई और मुझे पा नहीं सकता

दिल लगाना इतना आसान भी तो नहीं
हर किसी को ये फन आ नहीं सकता

था गुमान संग तेरे मंजिल पा ही जाऊंगा
हूं अब लापता कहीं भी जा नहीं सकता

11. उम्मीद

तुझसे मिलने की अब कोई उम्मीद नजर नहीं आती
खुद को बचा के रखने की कोई उम्मीद नजर नहीं आती

कुछ सांसे हैं जो बाक़ी हैं, चलती हैं, चलने दे,
के इन्हें बंद करने की तरकीब नजर नहीं आती

तू चाँद है मेरा तो चाँद की तरह चमक
के तेरे होते भी मेरी रातें क्यों काली नजर आती

तेरे होने से मेरी ज़िंदगी में हर रोज बहार थी
ना जाने क्यूँ मेरी ज़िंदगी से अब खिजा नहीं जाती

12. तेरा जाना

जा छोड़ दे के अब जीने दे मुझे
ग़म हो तो हो के अब पीने दे मुझे

होगी प्यास दर्द की मुझे जो अब कभी
समंदर है ना आँसू का के पीने दे अब
मुझे

तन्हाई की मुझे अब कोई फ़िक्र नहीं
होती
के मेहफ़िलें तेरी यादों की सजती रोज़ हैं

होती

डरता हूं मेरे बिन क्या तू अब चैन पाएगा
ज़माना था के मेरे बिन सुबहें तेरी नहीं
होती

चलेगी साँसे तो मेरी, धड़कने दिल में
होंगी
के चलना भर ही साँसों का कोई ज़िंदगी
नहीं होती

13. जिंदा हूँ मैं????????

जिंदा हूँ मैं????????

ऊब गया हूं इस मौत से
सांस चल रही है मर चुका हूं मैं

दिखाई नहीं देता इन पथराई आंखों से
अब
जितना देखना था सब देख चुका हूं मैं

लबों से लफ़्ज़ बाहर आते नहीं
कहने को कुछ अब बाकी नहीं

जो कहना था सब कह चुका हूं मैं

थोड़ा तो चैन मिले कुछ तो करार आए
जितना सहना था सब सह चुका हूं मैं

14. मुझे जाना है

मुझे जाना है

मुझे जाना है
दूर उस क्षितिज के पार
जहाँ शून्य हो
जहाँ अनंत हो
अपनी परछाई को छोड़ कर
उस लंबे एकल सफर पर
एक अनंत इंतज़ार के लिए
तुम आ सको तो आना
सब कुछ पीछे छोड़ कर
सिर्फ और सिर्फ मेरे लिए

निभाना अपना वादा
जो किया था तुमने
अपनी आँखों से मेरी आँखों को
मेरे हाथों को अपने हाथों में लिए
तुम गर आ सको तो आना
मैं इंतज़ार करूँगा
दूर उस क्षितिज के पार......

15. सपने तेरे मेरे

मेरे सपनों के जहां में
तेरा सपनों का जहां है

और तेरे सपनों के जहां में
मेरा सपनों का जहां है

वहीं पे हमारा सपनों का जहां है
जहां तेरे सपनों को में देखता हूं

और मेरे सपनों को तू

और इन सपनों के जहां की खिड़की से

झांक कर देखने पर दिखाई देता है
दूर वो हकीकत का जहां

जहां हम दूर होकर भी बहुत क़रीब हैं
और क़रीब होकर भी बहुत दूर

16. एक दिन ज़िंदगी का.......

एक अलसाई सी सुबह के धीरे धीरे
सरकते लम्हों को
तेरी यादों की संदली खुशबू महका देती
है

के अब तू मिलेगा मुझे अब तुझसे
मुलाकात होगी
ये ख़्याल मुझे मेरे जिंदा होने का
अहसास करा देती है

लो फिर एक दिन, सुबह से शाम में ढल

गया

तेरे इंतज़ार की घड़ियाँ जिनते एक एक
पल गया

उसे, ना आना था, ना आया वो बेवफा
मैं फिर आज तन्हाई की आग में जल
गया

17. खिलौना

इस्तेमाल किया उसने मेरा खिलौने की
तरह
मन चाहा खेला मन चाहा फेंक दिया

नादान था मैं अंजान था मैं
बेवजह मुहब्बत की यूं ही दिल दिया

थे चर्चे बड़े मेरी मुहब्बत के ज़माने में
टूटा सा दिल लिए घूम रहा हूं ज़माने में

फक़्र था जिसे कभी अपनी मुहब्बत पे
अब मुंह छिपाए घूम रहा हूं ज़माने

18. फ़साने

तेरे वादे तेरे इरादे सब फसाने हो गए
तेरे ना आने के देखो क्या क्या बहाने हो
गए

अब ना वक़्त का पता है ना हालात की
ख़बर
दिन मेरे वीरान और रात मैखाने हो गए

तूने जो लिया मेरे इश्क़ का इम्तिहाँ
मेरी वफ़ा के चर्चे पूरे ज़माने हो गए

बिछड़ते हुए तूने कहा था फिर मिलेंगे
तेरे झूठे वादे भी मेरे जीने के सहारे हो
गए

तेरे वादे तेरे इरादे सब फसाने हो गए
तेरे ना आने के देखो क्या क्या बहाने हो
गए

बिछड़ते हुए तूने कहा था फिर मिलेंगे

19. ख़फ़ा है तू

ख़फ़ा है तू मुझसे इन दिनों जाने क्यों
सच तो ये है कि ख़फ़ा है तू ख़ुदसे जाने
क्यों

मिलते नहीं हम इन दिनों जाने क्यों
कुछ ख़ला है इन दिनों जाने क्यों

मंज़िल तो कुछ और ही थी हमारी
ये कहां आ गए हम जाने क्यों

ख़ता तो ना तेरी है ना मेरी

सज़ा हिज़्र की दोनों को मिली है जाने
क्यों

ना फ़िक्र कर छंट जायेंगे ये बादल जुदाई
के
हम रु ब रु होंगे फिर, यकीं है मुझे जाने
क्यों

सज़ा हिज़्र की दोनों को मिली है जाने

20. आज़मा ले ख़ुद को

आज़मा ले ख़ुद को
देख ले दूर जाके मुझसे

इस बात पर यकीं ना करना
जो तुझे गुमां हो कि सब ठीक है
बस अपने दिल पे हाथ रख के देख ले

मेरा क्या है मेरी बिल्कुल भी फ़िक्र ना
करना
धड़केगा दिल, साँसें भी चलेंगी पर ज़िंदा
ना होऊंगा

यकीं ना हो तो मेरी आंखों में झांक के
देख ले

ना चाह कर भी जी ही लूंगा
आँखों में होंगे आँसू और होंठों पर
मुस्कान होगी
तू ही बता ऐसी ज़िंदगी भी कोई ज़िंदगी
होगी

21. चुप ना रह

मैं कुछ भी बोलता रहता हूँ
तू सब कुछ सुनती रहती है

मन ही मन कितने सपने बुनती रहती है
देखके मुहजे खुशियों के फूल चुनती
रहती है

चुप न रह कुछ तो कह, इन लबों को
खोल
खुद में खोई जाने क्या क्या गुनती रहती
है

कह दे मन की हर बात और राजदार कर
मुझे
क्यों मन ही मन तनहाई में खुद से बातें
करती रहती है